Eli Sanchez

Camino en el Desierto
Río en la Soledad

EN BÚSQUEDA DE LA RESTAURACIÓN

Copyright © 2019, 2021 by Marcela Elizabeth Sánchez.

CAMINO EN EL DESIERTO, RÍO EN LA SOLEDAD
En búsqueda de la restauración
de *Eli Sánchez*

Publicado por

Todos los derechos reservados
All rights reserved
Publicado en los Estados Unidos por ISACAR Ediciones, un sello editorial de JuanUno1 Publishing House, LLC. ISACAR Ediciones, los logotipos y las terminaciones de los libros, son marcas registradas de JuanUno1 Publishing House, LLC.

Ninguna parte de esta publicación puede ser reproducida, almacenada o transmitida de manera alguna ni por ningún medio, sea electrónico, químico, mecánico, óptico, de grabación o de fotografía, sin permiso de los editores.

ISBN 978-1-951539-72-6
Ebook ISBN 978-1-951539-73-3

BISAC: REL012040 - REL012120 - REL012070 - REL067130 - REL012170

Arte de Portada, Diagramación
Equipo Media JuanUno1 Publishing House LLC

Library of Congress Cataloging-in-Publication Data
Name: Sánchez, Eli, author
Camino en el desierto, río en la soledad: en búsqueda de la restauración / Eli Sánchez.
Published: Miami : ISACAR Ediciones, 2021
Identifiers: LCCN 2020952685
LC record available at https://lccn.loc.gov/2020952685

Segunda Edición - Miami, FL - U.S.A.
ISACAR Ediciones. Facebook, Instagram @isacarediciones
www.isacar.info - editorial@isacar.info

Dedicatoria Especial

*Para contactar con Eli Sánchez
por charlas, presentaciones o consejería
escribir a mar.jnm@hotmail.com*

Dedicatorias

*A mi mama Eva Arce, que con su gran
Amor incondicional supo enseñarme
a nunca bajar los brazos .*

*A mi esposo y a mis hijos
por apoyarme siempre en todos mis proyectos.*

Índice

Prólogo 9

Restaurando mi pasado 11

Qué pretendo con este libro 25

El Perdón 31

La Palabra 39

Soy una fracasada 47

Sembrando la mejor semilla 55

Procesos 61

Transformándonos 67

Como Sakura 75

Aprendiendo a ser hija 79

Ríos en la Soledad 85

Prólogo

En este libro titulado *"Camino en el desierto, río en la soledad"*, se puede encontrar la respuesta a muchas de nuestras inquietudes, miedos, depresiones, sentimientos negativos, y toda clase de vacío que no podemos llenar.

Su autora *Marcela Elizabeth Sánchez* nos lleva al descubrimiento de la libertad, primero a través de su propia experiencia de vida y luego por la experiencia de haber ministrado a otras personas.

El apóstol Pablo nos enseña algo importante que nos muestra el principio de la "restauración interior". 2Co 5:17 dice: *"De modo que si alguno esta en Cristo, nueva criatura es; las cosas viejas pasaron; he aquí todas son hechas nuevas"*, esto significa una nueva creación. Pero, ¿cómo se logra la nueva creación? ¿Sólo yendo a la iglesia?

Restauración habla de algo mucho más profundo. Habla de algo que está arruinado, tal vez por herencias, maldiciones espirituales, heridas interiores, experiencias personales, etc., y hay que comenzar a construir de nuevo. Este libro quiere cumplir la palabra de Dios y su autoridad para con ese fin.

Recomiendo invertir tiempo en la lectura de *"Camino en el desierto, río en la soledad"*, para que puedas llegar a ¡¡¡tú verdadera libertad en Cristo!!!

Pastor Héctor Benítez.

CAPÍTULO 1
Restaurando mi pasado

Nací en Villa Mercedes, San Luis. Hija de Eva Arce, una mujer delgada, de ojos tristes, contextura pequeña, cabello castaño y corto, su rostro era lo más bello, para mí, la mujer más hermosa que había en el mundo. Mi papá Miguel Sánchez, un hombre bajo de estatura, piel trigueña, bigote finito, cabello oscuro y encrespado, pero lamentablemente golpeador y alcohólico que se olvidaba el amor por sus hijos en una botella de alcohol.

Soy la segunda de tres hermanos, Ricardo y Shirley. Viví en San Luis hasta los 2 años y me mudé a Buenos Aires. Mi infancia la pasé en la localidad de San Miguel, provincia de Buenos Aires, hasta cumplir los 15 años. Fui a la escuela secundaria en el Instituto Don José de San Martín que, por motivos qué más adelante verán, no pude terminarlo. Me mudé en el año 1981 a la localidad de Lanús Oeste, abandonamos mi casa con mi hermano menor y mi mama. Toda mi adolescencia la viví en el barrio de Remedios de Escalada, hasta que me casé en el año 1985.

Recuerdo poco de mi niñez, recuerdo a mi hermana mayor y las peleas de niñas, ella de muy joven se casó y quedé completamente sola al cuidado de mi mamá y mi hermano menor, y de un padre golpeador.

Mi adolescencia fue un dolor en el alma, recordarla me hacía pasar por un camino oscuro. No tuve una adolescencia feliz, no fue una adolescencia tranquila, sino una adolescencia con mucho trabajo, pocos objetivos, nada de sueños y ninguna esperanza en mi vida, sólo era pensar en trabajar y poder juntar dinero para pagar un alquiler. El no haber podido terminar de estudiar la secundaria, traería como consecuencia no conseguir un buen trabajo. No logré tener muchos empleos más que limpieza, costurera, cuidando de niños, y algunos más. Pero no más que eso, ya que la falta de experiencia, sin estudios y solo 16 años, me condicionaron para no conseguir un empleo seguro. Esto me obligaba a aceptar lo que me dieran.

Me casé con apenas 17 años sin saber nada de la vida, pero con la gran necesidad de escaparme del dolor, de la angustia y de la vida miserable que llevaba. Mamá era una gran mujer luchadora, pero desbastada por la vida y marcada por los maltratos de mi padre, ella no podía ayudarme a encontrar mi identidad. Yo necesitaba salir de ese pozo profundo en donde estaba, mi vida era sólo tristeza, angustia, soledad y un vacío enorme en mi corazón. Creí que lo podía llenar casándome y que llegaría a tener *el hogar soñado para toda la vida.*

Cuando el corazón se empieza a desintegrar...

El dolor en el corazón y en el alma no viene de un día para otro. No es que hoy me despierto con el corazón destrozado o que mañana me despierto con el corazón destruido, sino que es un proceso donde el corazón se empieza a desintegrar, se va llenando de dolor, de angustias, de fracasos. Se empieza a sentir la soledad, el vacío y se desgarra el alma por la ausencia de amor y una sensación de abandono.

Hoy puedo darme cuenta cuando fue el momento en que mi corazón se empezó a quebrar. Donde empecé a sentir el dolor del alma, a saber que el corazón duele, que se quiebran los sueños, que se empieza a sentir ese frío en la piel, y se ve la nostalgia en los ojos. Cuando uno siente que no tiene sentido la vida, y las preguntas empiezan: ¿Para qué estoy? ¿Para qué sirvo? ¿Para qué vivo? Sintiendo y escuchando las voces de los demás: *que lo hagas, que no lo hagas, que servís, que no servís;* y la vida ya no tiene el mismo sentido.

El casamiento era la mejor, y la única, forma de poder ser libre de todo pasado, libre del dolor, libre de los rencores, libre de los pesares, libre de la tristeza, libre de los fracasos, las angustias y la soledad. Que la vida empezaba y el pasado se iría. Sin embargo me equivoqué. ¡Claro que me equivoqué!

La felicidad no la encontraría casándome, la felicidad la iba a encontrar cuando me encontrara a mí misma, cuando supiera quién era, cuando tuviera identidad. Recién entonces tendría felicidad.

Me llevo años aprender que para ser feliz no necesitas a nadie, que el quererme a mí misma y tener confianza en mí, me haría una persona con identidad. Que la única forma de ser libre era conocer el camino hacia Dios, pero aún no llego a esa parte de mi historia.

Desde el momento en que me case, en adelante, sólo me llevo un año darme cuenta que no sería feliz. Entonces, no es que desde ahí comenzó el caos, sino que el caos en mi vida continuó, nuevamente el abandono, la infidelidad, la soledad, y con un embarazo a cuestas, sin tener una casa, sin tener un marido. Se sumó el dolor que ya tenía a más dolor y más baja autoestima, si creía que en ese momento era nadie, el abandono de mi esposo terminó destruyendo lo poco que había quedado de mí. Pero aún, todavía, no me había rendido. Mamá siempre me decía que hasta el último momento de respiro uno tenía tiempo de luchar, ella era una mujer dura porque la vida la había hecho dura, era una mujer luchadora que nunca bajaba los brazos, siempre pensando en sus hijos, pero se olvidó de una cosa: *luchar por ella*.

Qué es la Restauración.

"*¡Oh Jehová, Dios de los ejércitos, restáuranos!*
Has resplandecer tu rostro, y seremos salvos."
Salmo 80:18

Cuando conocí al Señor me encontraba en un laberinto, en una calle sin salida. Por el año 1986 conocí a una vecina de apellido Martínez, una señora con un amor gigante, robusta, alta, de ojos marrones, cabello largo y negro, que vivía cerca de mi casa, a media cuadra exactamente. Ella siempre nos venía a visitar, en ese tiempo vivía con mi mamá, ya separada y embarazada de apenas tres meses. Era un embarazo riesgoso, era primeriza y me sentía abandonada, sola, y sin experiencia. Esta vecina era cristiana, venía a diario a ver cómo estábamos, nos hacía compañía, nos enseñaba la Palabra y nos invitaba a la iglesia. Ella nos enseñó un camino de salvación, desde entonces conocí el camino del Señor Jesucristo. Le agradezco a la "hermana Martínez", que hoy se encuentra en los brazos de nuestro Padre, por su perseverancia, por no abandonar nunca sus oraciones a Dios por nosotras, porque valió la pena cada día de su visita hasta que aceptamos a Cristo en nuestro corazón.

No me fue fácil entender lo que Dios quería para mi vida. Mis preocupaciones, mis miedos, mis errores me perseguían. Mi pecado aún lo sentía sobre mi espalda, sabiendo que Dios me había perdonado, siempre había algo en mi corazón que no me deja avanzar, siempre un dolor, una angustia, algo que me limitaba a poder seguir adelante. Aun con todo eso seguí el camino del Señor.

> *"Aunque no den higos las higueras, ni den uvas las viñas, ni aceitunas los olivos; aunque no haya en nuestros campos nada que cosechar; aunque no tengamos vacas ni ovejas. Siempre te alabare con alegría porque tú eres mi Salvador"*
> Habacuc 3:17-18.

Pase por procesos larguísimos, para mi eran como miles de

años que no se terminaban. Actualmente estoy escribiendo un nuevo libro "Cómo se Prepara una Guerrera", mi autobiografía, en el que relataré mis luchas, mis pruebas y mis victorias en el camino de Cristo. Te invito que también me acompañes cuando salga, leyéndolo detenidamente a fin de comprender el largo camino que recorrí.

Aprender a vencer cada dificultad, cada prueba que se cruzaba en mi vida, aprender en mi vida personal como sanar mis heridas, el dolor en mi alma y en mi corazón, no era fácil. El pasado estaba en mi presente todo el tiempo, mi pasado no lo vivía como pasado, sino que lo vivía como presente, una y otra vez repetía todo mi pasado sobre un presente en el cual quería cambiar y que no sabía cómo. Crecer espiritualmente me llevo años, veinte largos años. No fue fácil para mí, encontré en mi camino personas extraordinarias como también personas que me ayudaban a hundirme más. Amigos que hasta hoy están en mi vida y otros amigos de temporada que solo pasaron. Me doy cuenta que cada etapa fue un aprendizaje. Tengo el mejor maestro y mentor: ¡Cristo!

Conocí lo que era la Restauración del alma o Restauración interior en el año 2008. Palabras que no había conocido antes, un Ministerio que cambio mi vida por completo, ese año me congregaba en una iglesia de San Miguel, Buenos Aires. Comencé asistir al Ministerio de Intercesión. Excelentes mujeres guerreras, luchadoras que tenían un corazón preparado para la oración. Las veía orar, clamar, luchar, con todo su corazón guerreaban contra todo lo que el enemigo ponía en su camino, y el Espíritu Santo descendía mostrando poder de Dios en cada una de ellas. Me sentía feliz al verlas, aprendí muchísimo de ellas. Por tal motivo, en este párrafo, quiero nombrarlas, porque de ellas aprendí mucho: Norma, Marta, Quela, Rita, Gladis, son algunas, solo algunas de las hermanas que integraban el Ministerio de Intercesión.

Norma, una hermana de anteojos grandes, morocha de cabello corto y estatura baja, un día se sentó conmigo y me dijo: vamos a orar para que Dios restaure tu corazón. Hablé con ella por horas, nunca había hablado con nadie tanto tiempo sobre mí, nunca le había contado a nadie mi pasado, ni había contado mi dolor. Norma prestó sus oídos sin decir una palabra, pero su oración fue más que efectiva. Dios había mostrado que yo estaba dispuesta a abrir mi corazón, y a sanar lo que por años no había sanado. Me invitó a pasar por el ministerio de Restauración. Allí encontré personas maravillosas, mi gran mentor Héctor Benítez, y el matrimonio de Marisa y Rubén, que hasta el día de hoy son nuestros amigos. Ellos me enseñaron y me guiaron, estoy muy agradecida por el apoyo y la confianza que depositaron en mí, ese día algo diferente paso, *cambio mi vida y ya no sería la misma.*

Pocos meses después me uní al Ministerio de restauración, quería saber más de lo que se trataba, estaba interesada en saber, en aprender, para ayudar de la misma manera que Norma lo hizo conmigo. Hoy hay muchas mujeres que están necesitando que las empujen hacia una salida, que te enseñen a amarte, que te digan que vos podés. La felicidad está dentro de tu corazón, la felicidad está dentro de uno mismo, la felicidad es Cristo, solo cuando aprendés a conocerte.

Norma había despertado en mí la pasión por restaurar el corazón y el pasado de tantas mujeres, que como yo, estaban destrozadas por el peso de la culpa y el pecado. Por fin había descubierto el propósito de Dios en mi vida. Desde entonces entendí que era lo que me apasionaba, lo que amaba. Comencé a leer libros, a estudiar el área de restauración y los líderes que estaban a cargo, me enseñaron, me acompañaron, me dieron herramientas y mientras me preparaba. La preparación no era solamente estudiar, la preparación era estar en intimidad cada día con Dios, para saber si el Ministerio en el cual estaba era la voluntad de Dios. Después de mucho caminar, de mucho estudiar, y de buscar a Dios y entender que mi vida tenía un propósito, alcance la madurez necesaria para activar el llamado de Dios.

¿Qué es la Restauración o Restauración Interior? Posiblemente conozcas poco de este Ministerio. A veces dejamos que en nuestra vida se quede todo lo que el pasado ha marcado, nos olvidamos de dejar ir el pasado, y no vivimos en el presente.

Nos preguntamos si una vez que recibimos a Cristo, ¿Él no hace el cambio en nosotros? Dice la palabra de Dios qué somos nueva criatura, ¿por qué entonces cuando pasan los años aún seguimos siendo las mismas personas? Los cambios no se ven porque seguimos arrastrando el dolor, porque arrastramos el pasado, porque todavía seguimos estando en el mismo lugar. Hoy voy a contarte por qué a veces no ocurren los cambios, que te falta para dejar el pasado, qué camino es el que tenés que tomar. Si Dios está en nosotros ¿por qué nos cuesta cambiar? En este libro te cuento algunas de mis experiencias, lo que viví, lo que aprendí. No se trata de que sigas al pie de la letra lo que dice el libro, se trata que te decidas. Esta es una decisión a los cambios, a las transformaciones de moverse de un lugar a otro. La decisión es el primer paso, el resto es añadido, la Restauración es un complemento para tu vida, sin Cristo nada puedes hacer, la restauración no es salvación.

El cambio es lo que te lleva a un mejor lugar. Para muchos abandonar el pasado o renunciar a lo que tanto te duele es lo que más cuesta, pero cuando descubrís qué tenés libertad, qué tenés un camino nuevo para recorrer y que tu viaje es más liviano, lo podrás ver como un aprendizaje. Espero que mis experiencias te motiven hacer un cambio, a soltar lo que tanto te cuesta, a transformar tu vida pasada en un presente nuevo y en un futuro maravilloso. Sé que no es fácil, ni que es rápido, es un proceso que puede llevarte el tiempo que decidas. Sé que podés, si en tu corazón está la decisión de hacerlo. Que este libro pueda bendecir tu vida y cambiar cada área transformándote en una nueva persona.

La restauración es algo que sólo podemos hacer cuando nos determinamos, cuando estamos convencidas de que necesitamos un cambio, cuando decidimos nosotras mismas hacer un quiebre, hacer una transformación. La restauración solo se logra a través de creer que Dios puede hacerlo, el 50% restante es nuestra responsabilidad, tomar la decisión. Se dice que cuando hacemos siempre lo mismo, siempre se obtiene un mismo resultado. Pero si cambiamos y dejamos de hacer lo mismo, tendremos un resultado distinto. La restauración no es una magia, ni es un milagro, es la decisión de convertirte en una persona nueva para y a través de Cristo. Hoy es el tiempo y el momento para decidir hacer el cambio en tu vida, dejando tu pasado, la falta de perdón, el ocultismo y pecado.

En la restauración buscamos la forma de atar el espíritu para que nosotras podamos sacar las consecuencias que puede haber tenido aquello por lo cual Satanás tiene autoridad sobre esa vida. El pecado no se va a ir si no hay una recomposición, una restauración de la persona. Las acusaciones que el diablo tiene por nuestro andar fuera de la voluntad de Dios nos ponen a disposición de la ley que infringimos.

¿Qué es infringir la ley?

La palabra *infringir* significa *no cumplir una ley*, una orden o una norma, o hacer algo en contra de lo dispuesto en ellas. Es la puerta abierta para que el enemigo tome dominio sobre nuestras vidas, quiere decir que Satanás entra porque tiene derecho a una vida, porque cometió un pecado.

Cuando hablamos de restauración, nos referimos a la obra del Espíritu Santo sobre los hijos de Dios qué deciden someter a Él cada área de su vida para ser sanada, limpiada y liberada de toda atadura, espiritual, física o emocional con el fin de vivir y experimentar la vida abundante que el Padre nos quiere dar. El objetivo principal de la restauración es que la persona viva de una manera más plena el señorío de Cristo en su vida.

> "Hermanos, si alguno fuere sorprendido en alguna falta, vosotros que sois espirituales, restauradle con espíritu de mansedumbre, considerándote a ti mismo, no sea que tú también

seas tentado". Gálatas 6:1

La palabra "restaurar" (katartizo) se emplea en el nuevo testamento para referirse a la reparación de las redes de pescar y al carácter humano, así que restaurar a una persona significa llevarla al verdadero arrepentimiento y a una total entrega a Jesucristo y a sus enseñanzas.

La restauración tiene que ver con trabajar lo pasado, con lo que quedó dañado de lo vivido. Tu vida es el Templo del Espíritu Santo porque Dios habita en vos. 2° Crónicas 24:4 dice *"Después de esto aconteció que Joas decidió restaurar la casa de Jehová".*

Así como Joas tomó una decisión, la de reparar el templo, de la misma manera en tu caso también tenés que tomar esa decisión reparar el Templo del Espíritu Santo que es tu vida y sanarla.

Hay que colocar en el presente las bases, para que en nuestro futuro vivamos con toda la bendición de Dios. Hay gente que vive siempre de restauración en restauración, una vez que tu vida fue restaurada y te fue devuelto todo lo que te fue quitado. Es preciso consolidar tu vida y determinarte a consolidar, afirmarte en la palabra de Dios. La razón por la cual tantas personas que han sido ministradas siguen permanentemente en el consultorio de consejería es porque no saben consolidar y hacer cambios.

Como vimos, dice que Joas decidió reconstruir la casa de Dios. La sanidad en tu interior, la reconstrucción de tu vida comienza con una decisión, es convertirla en acción, vos sos la que debe hacer la reconstrucción y la sanidad de tu vida.

Pero ¿qué es lo que hay que restaurar? En 2º Reyes 12 dice *que debían reparar las grietas*, la palabra grieta significa ruptura, vacío, brechas, goteras, filtraciones.

Si en tu vida hay grietas, rupturas en tu relación con tu pasado, entonces tu vida necesita sanidad.

Tus Notas...

Tus Notas...

CAPÍTULO 2
Qué pretendo con este libro...

> *"Por tanto, tomad toda la armadura de Dios, para que podáis resistir en el día malo, y habiendo acabado todo, estar firmes."*
> Efesios 6:13.

En una campaña de Anacondia, uno de sus co-pastores nos reunió para capacitarnos, nosotros éramos el apoyo de oración en la campaña, del área de restauración y liberación. Aquellos que nadie ve, pero que son los pilares. Éramos un grupo realmente grande. Nunca me voy a olvidar el día que el co-pastor dijo: "ustedes están acá porque están preparados, porque Dios los eligió, ustedes son personas crecidas espiritualmente". Desde ese día confirmé el llamado. Intento cada día llevar a cabo esta tarea que Dios puso en mi corazón con amor, pasión y responsabilidad.

Este no es un libro de siete pasos para dejar tu pasado, ni diez pasos para la Restauración, solo comparto todo lo que he vivido en mi vida y de qué manera Dios obró en mí a través de personas que con pasión supieron enseñarme a sanar y restaurar mi vida. Compartir con ustedes lo que Dios me dio para entregar a cada mujer, una semilla de restauración.

He visto pasar infinidad de mujeres con diferentes problemáticas y podía ver que necesitaban tanto de lo que yo había necesitado. Yo podía entregarles un poco, solo un poco, de todo lo que Dios hizo en mi vida a partir del momento que decidí restaurarme. Quisiera poder inspirar, transformar y que conozcan qué es la restauración, pero sepan que Cristo fue, es y será siempre Señor y Salvador y que no hay otra forma de llegar a Dios, si antes no creemos en su hijo Jesucristo, nada nos hará llegar a la presencia de Dios, ningún libro, ningún estudio podrá suplantar la palabra de Dios. Él nos da armas y herramientas para vencer al enemigo, la palabra dice:

> *"Si recibieres al Señor como tu Salvador
> todas las cosas son hechas nuevas"*

Sabemos que solo en Cristo hay salvación y todas las cosas son hechas nuevas, pero por algún motivo millones de personas, millones de mujeres, millones de familias, después de entregarse a Jesucristo no encuentran la paz. El pecado del pasado lo siguen manteniendo, atadas como si todavía fuera hoy.

El profeta Joel 2:12 dice: *"por eso pues ahora dice Jehová convertíos a mí con todo vuestro corazón con ayuno, lloró y lamentó"*... convertirse es abrir nuestra vida a la obra del Espíritu Santo y dejar de poner límites a Dios, dejar de decirle cómo debe moverse y cómo debe actuar. Convertirse es poner los dos oídos, los ojos y la boca a disposición de la voz y la guía del Espíritu Santo, la sanidad y la restauración de nuestro corazón proviene del cielo, pero con una fuerte voluntad de nosotras mismas. Deseo que este libro te ayude a sanar tu pasado, a encontrarte con Dios, y preparar tu futuro.

Dejar el pasado es una decisión, preparar tu futuro
es un compromiso y tener una relación con Dios
es una pasión.

Nada está hecho al azar,
somos responsables de todo lo que queremos ser y hacer.

Tus Notas...

Tus Notas...

Tus Notas...

CAPÍTULO 3
El Perdón

*"Él es quien perdona todas tus iniquidades,
el que sana todas tus dolencias.
El que rescata del hoyo tu vida,
el que te corona de favores y misericordias..."*
Salmo 103: 3-4

A veces creemos que Dios no escucha nuestra oración porque no contesta lo que nosotros pedimos, pensamos que somos justos y que tomamos las decisiones correctas, que hacemos el bien, y esperamos que todas las cosas salgan perfectamente como lo planeamos.

Cuando vemos que las cosas nos salen mal, es muy probable que en vez de detenernos y preguntarnos si vamos hacia la dirección correcta, le echamos la culpa a alguien o a Dios. Somos impacientes y no queremos esperar la contestación de Dios, se nos tapan los oídos espirituales, decimos "Dios no nos contesta", aunque siempre contesta un SI, un NO, o ESPERÁ y si la respuesta no es de nuestro agrado, terminamos decidiendo **AYUDAR** a Dios con la decisión incorrecta.

Sé que esperar a nadie le gusta, pero cuando vemos que todo nos está saliendo mal, que no arrancaste con un buen día,: detente, piensa, y pregúntate, ¿esto qué hago le agrada a Dios? ¿Es esto lo que quiero hacer? ¿Me hace feliz? ¿Afecta a quien tengo al lado? A veces vamos apurados por la vida queriendo llegar primero que ella, sin importarnos a quien le hacemos mal, pensamos que tenemos derecho, porque nosotras tenemos más problemas que todos. Y así avanzamos llevándonos todo por delante, y solo preguntamos por qué todo me sale mal, todo me pasa a mí. Queremos solucionar problemas de nuestra vida en un segundo, sin hacer cambios, que todo suceda por arte de magia.

Nos cuesta hasta pedir disculpa, y el PERDÓN... una palabra que ya nadie usa, pero sin embargo, tiene el poder de hacer libre a una persona. Llevamos en nuestra espalda el rencor, el enojo y la ira de nuestro pasado, de lo que hicimos, de lo que no pudimos hacer, o de lo que nos hicieron hacer, terminamos enojados con nuestro presente sin poder cambiar el pasado.

Seguro me vas a decir ¡claro porque vos tuviste una vida fácil y no sufriste como yo!. Me temo amiga mía que te has equivocado, sé lo que es llevar la falta de perdón en el alma y lo que se siente recordar una y mil veces lo que pasaste. También sé lo que es sentirse enojada con una misma pensando que la culpa seguro fue nuestra. Aprendí a perdonar cuando entendí que me liberaba, que ya no quería ser esclava de tanto dolor y que solo lo lograría cuando en mi presente soltara el dolor y abandonara el pasado, que no debía atarme a los malos recuerdos porque ellos llenaban mi corazón de odio, rencor y no dejaban lugar para el amor de Dios. Si yo pensaba que era lo justo y que se merecerían las personas que me hicieron daño, entonces no podía practicar el amor de Dios y la Gracia que Él me regaló.

Vivimos por años atadas a los malos recuerdos, como si de

esta forma fuéramos a solucionar estos problemas, sin darnos cuenta que lo único que hacemos es avivar un fuego constante en nuestra vida, y sin poder cambiar absolutamente nada. Hasta le dejamos como herencia y regalo a nuestros hijos y nietos, el odio, la bronca, el sufrimiento y la falta de perdón, hacia aquellos que ni siquiera conocimos, les regalamos recuerdos que ni siquiera vieron, sentimientos que desconocen hasta que se los instalamos, problemas que nunca fueron de ellos y hoy se los dejamos como herencia para que vivan preocupados el resto de su vida aunque no hayan sido de ellos.

Hace un par de años atendí a un matrimonio que por mucho tiempo habían tenido una mala relación en su pareja, él le fue infiel. Las discusiones, peleas, violencia, no solo venían por la infidelidad, sino por culpas y falta de perdón de él hacia su padre, que generaba tanto dolor en el corazón de este muchacho que sacaba todo resentimiento, odio, frustración sobre su esposa. Aunque ella decidió perdonarlo la situación no cambiaba, porque en él solo estaban las palabras negativas que quedaron en sus recuerdos, hasta que decidieron ministrarse en el área de restauración y entendió que soltar el perdón no solo sanaba su corazón, sino que dejaba libre de odios y rencor a su generación, trayendo la libertad en sus vidas y las de sus hijos.

Sabemos que Dios puede obrar en nuestras vidas, que Él puede hacer los cambios pero también tenemos que poner de nuestro esfuerzo, tomar decisiones y hacer cambios. No nos gusta hablar de nuestro pasado, creemos que está todo solucionado y resuelto, sacar a veces la verdad y poner luz y claridad en nuestra vida nos asusta... y mucho. Pensamos que hemos solucionado parte de nuestro pasado y desconocemos cuántas veces nuestros padres, nuestros abuelos y familiares traen sobre nosotros maldiciones generacionales, por la falta de perdón.

> "..Jehová...visita la iniquidad de los padres sobre los hijos y sobre los hijos de los hijos, hasta la tercera y cuarta generación," Éxodo 34:7

> "El alma se limpia con el perdón, se hidrata con oración, se nutre con la palabra, se protege con la fe y se tonifica con el amor." Miguel Olthoff.
> *(Pastor de Cielos Abiertos - Buenos Aires, Argentina).*

Ser libre de la falta de perdón no solo te cambia la vida a vos, también les dejas como herencia a tu generación la libertad. Cuando entiendes que Jesucristo te dió libertad en la Cruz del Calvario, también la quieres compartir con tus seres queridos. El perdón te trae un caminar liviano, ya no cargas con tanto peso .

Recuerdo que atendí a una señora (que voy a guardar su nombre por respeto), llevaba en su vida la falta de perdón por años, había sido abandonada por su madre en una casa para que trabajara de limpieza, con tan solo 8 años, fue violada por el patrón y cuando ella volvió a su casa y le contó a su mamá, la llevaron de nuevo para el trabajo y la volvieron a abandonar allí. Luego de llevar tanto odio en su vida, por fin conoce a Jesucristo y a la edad de 65 años cuando suelta el perdón a este hombre que tanto daño le hizo, me contaba que en todos estos años de su vida nunca había sentido tanta libertad en su cuerpo y la felicidad que tenía era sorprendente. Ella vivía enferma constantemente y ahora sentía que su cuerpo estaba sano, que tenía alegría en su vida, contaba que hasta los vecinos le preguntaban qué se había hecho, porque hasta su rostro era diferente.

> *"El corazón alegre hermosea el rostro; más por el dolor del corazón el espíritu se abate"* Proverbios 15:13

Las personas vivimos atadas a los fracasos, a la falta de perdón, creyendo que si lo repetimos muchas veces en nuestra cabeza, en algún momento de nuestra vida vamos a poder tomar revancha o nos vamos a poder vengar, pero nos olvidamos que mientras sucede eso en nuestra mente, la vida nunca se detuvo.

Cuando nos damos cuenta ya han pasado los años, ya no somos las mismas, la vida siguió su rumbo, pero nosotras no la vimos pasar. Estamos estancadas en el pasado tratando de preparar la venganza con el dolor sobre nosotras, llenas de ira, odio y lo peor viejas.

Desde ese entonces no hemos cambiado nada, todo el tiempo se detuvo para nosotras, y un día nos damos cuenta que ni siquiera lo pudimos ver.

Mientras pasa eso, ¿qué cambiaste?, ¿qué mejoraste?, ¿Te hizo sentir mejor?, ¿lograste el alivio para tu alma? Mujeres perdimos el tiempo, y lo único que se logró fue llegar a vieja con el único y el mismo pensamiento: "algún día".

¡Pero te traigo buenas nuevas! Hoy es el tiempo de cambio, hasta aquí llego tu pasado, levántate renuncia a todo aquello que te quitó la paz, rompe todo lo que te tenía atada, renuncia a todo aquello que te detenía, vive, sueña, prepara este presente porque aún respiras y el futuro te está esperando, nunca es tarde para hacer cambios, ellos te dan nuevas oportunidades.

Aprende a soñar, que nada te detenga, en fin, si fracasas, tú serás quien tengas que levantarte de nuevo y si todo te salió bien sabrás que valió la pena. No te quedes pensando en que si no lo intestaste nunca lo sabrás porque no lo podrás ver, hasta hoy solo eran conjeturas de lo que podría haber sido, pero intenta una y otra vez hasta lograrlo. Tomas Édison uno de los más grandes inventores, en unos de sus inventos fracaó diez mil veces, y le preguntaron si no se cansaba de fracasar tanto. Él contestó "NO" porque ahora sé que hay diez mil diferentes maneras de hacerlo.

El fracaso no existe, simplemente es una nueva manera de intentarlo, seguramente habrán visto la película de "Batman Inicia", hay una escena cuando Brus (Christian Bale) cae en la cueva de los murciélagos, su papá lo rescata y le pregunta:

- ¿Brus por qué nos caemos?

- Para aprender a levantarnos. (contesta Brus).

Es una película, y en ella hay poco de la realidad, pero este guión tiene mucho de cierto y quedó en mí este pensamiento. ¿Si no nos caemos, cómo sabemos qué es levantarse? ¡Cada fracaso nos da la oportunidad de aprender, y cada caída de levantarnos!

Tus Notas...

Tus Notas...

CAPÍTULO 4
La palabra...

"Hijo mío, está atento a mis palabras; inclina tu oído a mis razones. No se aparten de tus ojos; guárdalas en medio de tu corazón; porque son vida a los que la hallan, y medicina a todo su cuerpo. Sobre toda cosa guardada, guarda tu corazón; porque de él mana la vida."
Proverbios 4:20-23

En algún momento de nuestra vida todos enfrentaremos una crisis, ya sea personal, profesional o en muchos casos, en ambas esferas. La realidad es que vivimos en tiempos complejos y dinámicos y lo que es seguro, es que en algún momento enfrentemos no solo una crisis, sino varias. ¿Qué podemos hacer al respecto en esta transición?

Relaciónate con la situación tal como es, al enfrentar una situación adversa, la mayoría de las personas empiezan a formular pretextos o razones por las cuales ellos no creen ser los responsables. Otros, simplemente evaden la situación y esperan a que esta mejore por sí sola; ninguna de estas maneras es efectiva. La manera más poderosa de lidiar con una crisis es relacionarte con ella y asumir la situación tal como es: para bien o para mal e independientemente de qué o quién causó esta crisis, cuanto más rápido asuma uno la situación, más rápido podrá salir de esta, mantén la calma y la fe.

A menudo, nuestra reacción ante una crisis es entrar en pánico, molestarse, atemorizarse, preocuparse y/o tomar acciones negativas. Analiza la situación e identifica el problema, tomar las mismas acciones de siempre o reaccionar de manera instintiva seguramente no va a resolver el problema. Es importante en momentos de crisis, tomarse el tiempo para analizar la situación e identificar el problema; es decir, la transformación que se requiere en uno mismo, en los demás y en el problema. De seguro tendrás una mayor probabilidad de éxito, convierte el problema en una oportunidad.

La mayoría de las personas tiene una interpretación negativa de un momento de crisis y le asigna automáticamente adjetivos negativos, tales como "esto está muy mal", "es injusto", etc. Esta manera de interpretar la situación te deja como víctima y con poco poder para lidiar con ella efectivamente. Una manera alterna e igualmente válida de interpretar una crisis es relacionarse con ésta como una oportunidad.

> *"El fracaso es la oportunidad de empezar de nuevo de una manera más inteligente".* Henry Ford.

Una crisis o problema se presenta con situaciones adversas y en gran medida desconocidas para nosotras. También nos exige cambios radicales en nuestra manera de ser y pensar, estos cambios a menudo implican sacrificios por parte de nosotras, así como una mayor necesidad de contar con la inteligencia y transformación. Para poder sobrepasar exitosamente momentos de crisis es indispensable tomar decisiones y compromisos, enfrentar la situación como tal. Ninguna persona por sí sola puede lograr un cambio, si no toma decisiones comprometidas y alineadas con el Padre.

Lo único que produce resultados son las acciones, una vez que hayas analizado la situación y hayas tomado la decisión de resolverla, es necesario que te pongas en acción. Estas acciones tienen que ser diferentes y contundentes, de manera que produzcan resultados extraordinarios en el menor tiempo posible.

Los momentos de crisis nos ofrecen oportunidades de oro para aprender y evolucionar, pero no es necesario ni recomendable tener el agua en el cuello para hacerlo, tendremos que elegir entre ser reactivas o ser proactivas. Ser proactiva implica afrontar la situación tal y como es, pero dentro de un contexto poderoso que facilite su resolución, evitar crisis innecesarias y enfrentar aquellas que no puedas evitar.

Existen cuatro cosas en la vida que no se recuperan:
1. Una piedra después de haber sido lanzada.
2. Una palabra después de haber sido proferida.
3. Una oportunidad después de haberse perdido.
4. El tiempo después de haber pasado.

¿De qué nos alimentamos? Seamos selectivos con lo que recibimos a diario y con lo que incorporamos a nuestra vida interior, como hábitos y formas de funcionar, ya que eso será lo que le transmitiremos a nuestros hijos.

Ante cualquier situación adversa, es posible enfrentarla y salir de ella fortalecidos, erradica toda creencia negativa de tu mente, renuncia a los «**no puedo**», «**no sé**» y cámbialos por «**puedo**» y, si no sabes, cámbialos por «aprenderé». Conocé tus puntos fuertes, tu «don predominante», aquello que mejor sabes hacer, valóralo y trabaja para desarrollarlo. Si los sueños que has tenido en el pasado se han derrumbado, construye sueños nuevos, lucha por ellos. Es posible ser libre y la libertad siempre empieza con una decisión.

> "De la abundancia del corazón habla la boca"
> Mateo 12: 35- 37

Dios obra con su palabra y su palabra en nuestro corazón, nuestra boca libera todo el poder espiritual. Las palabras son la moneda creativa del mundo espiritual, con esto en mente consideremos ahora, cómo se siembra la palabra en el mundo espiritual. Nuestros ojos y oídos son los puntos de entrada que permiten la palabra y las imágenes de nuestro corazón.

Las palabras habladas desde el corazón tienen el poder de dar a luz. La palabra griega usada aquí es (EKBALLO) significa echar fuera, dar a luz, expulsar, ya sean para bien o para mal, si tus palabras son espíritu y vida, qué crees que van a dar: luz si se siembran en el corazón.

> "Cada uno recibe por sus palabras su premio o su castigo. La lengua tiene poder para dar vida y quitarla; los que no paran de hablar sufren las consecuencias." Proverbios 18:20-21

Así como la palabra de Dios declarada que trajo a la luz la creación original, a través de nuestras palabras dichas y declaradas con fe del corazón, ellas traen a la luz: *"de la abundancia del corazón habla la boca,"* lo que decimos tiene un poder creativo ya sea para bien o para mal, el corazón está lleno de palabras, imágenes. A través de los oídos y los ojos, tenemos el poder de elegir, por lo tanto determinar lo que llena nuestro corazón.

> "Así será mi palabra que sale de mi boca; no volverá a mí vacía, sino que hará lo que yo quiero, y será prosperada en aquello para que le envié." Isaías 55:11

Nuestra boca hablara estableciendo los límites de nuestra vida, la liberación y la salvación. Debemos vigilar lo que entra en el corazón porque los límites y el alcance de nuestra vida son establecidos por lo que está en nuestro corazón. Las palabras que proceden en nuestro corazón activan y determinan exactamente lo que deseamos llevar a cabo, ya sea bueno o malo. Dependiendo de lo que hemos permitido llenar en nuestro corazón, los límites de nuestra vida no están determinados por la circunstancia, la situación financiera, social, educativa, ni cosa semejante, sino por las palabras que hablamos. Nuestra liberación y la realización de los beneficios de la salvación fluirán como palabras creativas de nuestro corazón, podemos emitir nuestras palabras para lograr lo que nos plazca y va a prosperar en lo que deseamos hacer.

En el libro de Santiago se describe que la dirección y funcionamiento de la vida está determinada por las palabras que decimos. Se habla de la rueda de la naturaleza y cómo lo que parece tan pequeño e intrascendente comienza un ciclo de causa y efecto con resultado significativo y largo alcance. El énfasis para nosotros, es que la palabras que hablamos son de suma importancia, con cada palabra que hablamos determinamos la dirección de nuestras vidas.

Practica tus declaraciones, reemplaza cada palabra negativa por una gloriosa; cada palabra de enfermedad o muerte por una de salud y vida; cada palabra de fracaso por victoria; cada palabra de desilusión por ilusión. Declara con tu boca que saldrás del lugar pequeño para llegar al más espacioso.

"La muerte y la vida están en poder de la lengua..."
Proverbios 18: 21

Tus Notas...

Tus Notas...

Tus Notas...

CAPÍTULO 5

Soy una fracasada...

*"Dios mío, tú eres mi luz y mi salvación; ¿de quién voy a tener miedo?
Tú eres quien protege mi vida; ¿nadie me infunde temor!"*
Salmo 27:1

El optimista no es aquel que no ve las dificultades, sino aquel que no se asusta de ellas, no se echa para atrás. Por eso podemos afirmar que las dificultades son ventajas. Las dificultades maduran a la persona, las hacen crecer. Por eso hace falta una verdadera tormenta en la vida de una persona para hacerla crecer, madurar, etc. Lo importante no es huir de las tormentas sino tener fe y confianza en que pronto pasarán y nos dejarán algo bueno en nuestra vida.

El fracaso no significa que soy un fracasado, significa que todavía no he triunfado.

El fracaso no significa que no he logrado nada, significa que ha aprendido algo.

El fracaso no significa que he sido un tonto, significa que tuve suficiente fe para experimentar.

El fracaso no significa que he sido un desgraciado, significa que me atreví a probar.

El fracaso no significa que soy inferior, significa que no soy perfecto.

El fracaso no significa que he despreciado mi tiempo, significa que tengo una excusa para comenzar otra vez.

El fracaso no significa que debo darme por vencido, significa que debo tratar con más ahínco.

El fracaso no significa que nunca lo haré, significa que necesito más paciencia.

El fracaso no significa que me has abandonado, significa que debes tener una mejor idea para mí.

Atrevámonos a tratar los fracasos, solo son lecciones de aprendizaje, "quien nunca arriesga tampoco lo logra."

> *"Dios mío, ¡qué difícil me resulta entender tus pensamientos! ¡Pero más difícil todavía me sería tratar de contarlos ¡sería más que la arena del mar!¡ y aun si pudiera contarlos, me dormiría, y al despertar, todavía estarías conmigo!"*
> Salmo 139:17-18 (TLA)

En la mente del eterno creador, tú eres ganador, aún desde antes de la fundación del mundo. Por lo tanto perder, no es normal nunca lo aceptes, tú estás destinado para ganar eres el diseño divino, los pensamientos de Dios acerca de ti nunca se quedarán sin cumplirse porque son palabras vivas que se multiplican más que la arena del mar. Cuando Dios te hizo en la eternidad, Él fijo pensamientos perfectos respecto de ti y de las funciones que tú desarrollarías en esta tierra. Entender esto, tan grande, es la clave que te hará romper con la dependencia de todo lo temporal, romperás con las cosas negativas que te enfrentes y siempre las vencerás, Dios te hizo en la eternidad antes de la fundación del mundo con propósito eterno para nunca perder sino siempre ganar.

Si tú te mueves en fe, le crees a Dios y le aceptas, el Espíritu

Santo, te dice que tú no eres perdedora, nunca jamás aceptes la cultura de perdedora, porque naciste para ganar. Renuncia a toda línea de fracaso, eres el diseño perfecto de Dios.

El pensamiento de Dios no te creo para perder, Dios nunca vaticinó el enredo, la confusión y la angustia para ti. Millones de personas están en esta tierra viviendo bajo maldición porque desconocen el propósito eterno de Dios. Cuando comienzas a pensar como Dios, piensas y vas a la palabra de Dios y ves todo lo que está escrito para ti, es entonces cuando empezarás a ver la vida de manera muy diferente, todas las desgracias que existen en el mundo es debido a que el ser humano ha sido preparado para perder por la cultura del pecado, se ignora el diseño original. Pero tú has sido creado para triunfar por eso Jesús dijo, **yo vine a buscar y a salvar lo que se había perdido,** declara con fe: que por el poder del pensamiento de Dios, "me declaró que hoy es un día extraordinario lleno de cosas hermosas para mí, me declaró que siempre ando en victoria libre del poder del enemigo, que se ensancha mi camino y mi pie no tropieza, por el poder del pensamiento de Dios, Él me dijo que se activan las ideas creativas, la paz y el éxito sobre mí, por el poder del pensamiento de Dios, me declaró que soy una persona ganadora, que mi familia está cada día mejor. En Cristo, declaro mi milagro; gozo, paz y vida se reproducen en mí y en mi familia, estoy lista para ver el cumplimiento de cada palabra que Dios me ha dado. No soy un accidente, soy la hechura del Dios de la eternidad, revocó el tormento porque la gloria superior de Dios en mí establece que soy así exitosa, perfecta y bendecida."

"Mi embrión vieron tus ojos, y en tu libro estaban escritas todas aquellas cosas. Que fueron luego formadas, sin faltar una de ellas." Salmo 139:16

Es necesario que no te distraigas, enfócate en lo más importante y verás la gloria de Dios en tu vida, el trabajo de Satanás es hacer que te distraigas en cosas pequeñas. Dios te hizo y te creo un espíritu, antes de que estuvieras en el vientre de tu madre tú estabas en la mente de Dios. Quiero decirte que tú no eres desde el vientre de tu madre, tú eres desde que Dios te diseño en su mente, dentro de ti están las ideas creativas que Dios no se las ha revelado a otro sino a ti, dentro de ti vive la paz, dentro de ti está Dios. Son tan grandes las maravillas que Dios tiene para ti que todo lo que te ha querido enredar en esta tierra para que seas un perdedor se tiene que terminar hoy. Por horas, días y años Satanás te ha dicho que has perdido tu tiempo, que naciste para el dolor, todo eso es falso.

El siguiente nivel

Las personas se enferman por la rutina, porque no quieren subir el próximo escalón. Es necesario que sueñes y pases al siguiente nivel, hay algo mejor para ti, lo que has hecho, lo que has logrado no es todo, hay mucho más de Dios para ti, átate al pensamiento de Dios, cree toda la palabra que trae el Espíritu Santo para ti, declara que de inmediato te levantas por la fe para conquistar todo lo que es tuyo, porque la lista de Dios es indiscutiblemente grande y maravillosa para ti, la mano y la eterna bondad de Dios tienen cosas nuevas para ti extraordinarias y gloriosas, es tiempo de creer en lo potente de Dios para tu vida, la hora llegó, la vida de cansancio y amargura no son para ti.

> *"El respondió y dijo, escrito está no sólo de pan vivirá el hombre sino de toda palabra que sale de la boca de Dios"*
> Mateo 4:4

La palabra de vida controla tus pasos, no depende de los sentidos, depende de todo lo que sale de la boca de Dios.

Declara: puedo recibir en mi espíritu los beneficios divinos que el Eterno estableció para mí desde antes de la fundación del mundo y puedo notar que existe una serie de maldiciones que no puedo aceptar, porque mi vida está escrita por la mano de Dios. Yo nací para el éxito, en mi camino he visto algunas maldiciones que me han perseguido, por lo tanto declaro que Dios no me hizo para fracasar, Dios no me hizo para la pobreza, Dios no me hizo para ser infeliz, Dios no me hizo para ser pobre, Dios no me hizo para la tristeza y el dolor, Dios no me hizo para el sufrimiento, Dios no me hizo para ser estrecho, porque Él quiere hacer de mí una nación grande, Dios quiere que yo ande bendecido, prosperado y en victoria. Declaro el éxito, nací para el éxito, la buena mano de Dios está sobre mí y sobre mi familia, el poder de Dios está en mí, no soy para el fracaso, Dios me ilumina y trae a mí entendimiento.

Es necesario que jamás te dejes engañar, pues podrían venirte muchas clases de pensamientos y ofertas aparentemente agradables a través de tu mente y de tus sentidos, no obstante **come de la palabra de Dios** para que estés saciado, de tal manera que verás claramente los capítulos de tus días llenos de Triunfos y Victorias. Pues en la vida del espíritu siempre hay victoria, por encima de todo nunca aceptes como normal las áreas oscuras que te quieran crear confusión, inseguridad. Levántate, ten fe, toma la autoridad de la palabra y di sea la luz en el nombre de Jesús, así se separan las tinieblas de la luz y son revocadas de tu vida. Por lo general hay personas con problemas económicos, esto es porque siempre han estado sufriendo pobreza, oscuridad y tormentas, en el nombre de Jesucristo la maldición de perder salga de tu mente, comienza a ordenar cada detalle, nunca jamás el poder de las tinieblas dominará tu mente, ni tu casa, ni tu ambiente. Todo desorden, todo vacío, toda oscuridad, será disipada en el nombre de Jesús.

Alinea todos tus pensamientos a los pensamientos de Dios, en Isaías 60:1 dice: *"levántate y resplandece porque la gloria de Dios ha venido sobre ti".*

Dios te hizo para la luz y se estableció como portador profético de luz, nunca tendrás éxito a menos que disipes las tinieblas para poder comenzar a ordenar las áreas que Satanás, por años desordenó. Tanto en tu vida, como en la vida de los demás, el problema de los seres humanos es que quieren arreglar las cosas en tinieblas y operando oscuramente, *"ningún ciego puede guiar a otro ciego".*

Declara que eres la luz que Dios manifiesta en tu hogar, tú necesitas detectar cada área dónde por años han operado las tinieblas, suelta la luz en tu casa y en el área financiera. Mira, busca dónde están los errores y declara la luz, el más grande error de los seres humanos es que queremos echar fuera las tinieblas con tinieblas, satanás nunca podrá echar fuera a satanás.

Tus Notas...

CAPÍTULO 6
Sembrando la mejor semilla...

"Entonces vinieron a Jericó y al salir de Jericó, él y sus discípulos y una gran multitud, Bartimeo el ciego, hijo de Timeo, estaba sentado junto al camino mendigando. Y oyendo que era Jesús el Nazareno, comenzó a dar voces y a decir ¡Jesús, hijo de David, ten misericordia de mí! y muchos le reprendían para que se callase, pero el clamaba mucho más: ¡hijo de David, ten misericordia de mí! Entonces Jesús, deteniéndose, mando a llamarle; y llamaron al ciego, diciéndole: ten confianza; levántate, te llama. Él entonces, arrojando su capa, se levantó y vino a Jesús. Respondiendo Jesús, le dijo: ¿qué quieres que te haga? y el ciego le dijo: Maestro, que recobre la vista. Y Jesús le dijo: vete. Tu fe te ha salvado. Y enseguida recobró la vista, y seguía a Jesús en el camino."
Marcos 10: 46-52

La pobreza, la esclavitud, el tormento, la deuda, la miseria y la ruina no es parte de lo que Dios escribió para ti, después que Bartimeo recibe la luz, su vida nunca más fue igual.

Declara la expansión de Dios en tu mente, porque es necesario que comiences a ver el éxito, el triunfo y la abundancia como normal. No es bueno tener límites en lo mucho que Dios tiene para ti, dale una orden a tu alma y di... que haya expansión. Quiero que tomes en cuenta esto, solo el enemigo desea que tú vivas en límites, que vivas estrecho en todo. El enemigo sabe que cuando tú estás estrecho vives perturbado, vives en amargura y obstinación. Hoy tienes que romper con todo lo que te haya hecho llorar y con todo lo que te ha sido carga de amargura y obstinación, satanás no está autorizado para poner diseño a tu vida, la muerte, la ruina, no está autorizado para ponerle límites a tu vida.

> "*E invocó Jabes al Dios de Israel, diciendo: ¡oh, sí me dieras bendición, y ensancharas mi territorio, y si tu mano estuviera conmigo, y me libraras del mal, para que no me dañe! y le otorgó Dios lo que pidió.*" 1º Crónicas 4:10

Cuando se expande tu visión entonces puedes darle a cada una de tus áreas personales y ministeriales productividad, creatividad sin límites. La expansión te abre los cielos y te prepara en forma perfecta los grandes centros de productividad.

Es necesario que te levantes en el poder de la palabra porque no te conviene ser esclavo de la pobreza, cada vez que hablás, estás sembrando semillas que se producirán en tu territorio, ten cuidado y siembra semillas correctas porque sin duda, recogerás en gran número todo lo que salga de tu boca. Durante años tu territorio estaba ocupado por la maldad, la angustia y el dolor. Pero ahora lo has limpiado con el agua de la palabra y puesto la semilla que está en tu espíritu. Habla con autoridad, sembrando la mejor semilla y todo lo que siembres hoy prosperará. Aquí hay un secreto de alto nivel, haz una lista de la clase de árbol que quieres que nazca en tu territorio, sabiduría, ciencia, gozo, bien, misericordia, armonía familiar, generaciones sacerdotales, fieles a Dios, siembra prosperidad, económica y ministerios serios, ordenados y fructíferos en Dios.

Hoy es el día de establecer el tipo de cosecha que tú quieres que se dé en tu propio territorio y a los que vendrán después de ti, este día es espectacular porque lo experimentarás sobre tu generación, en los próximos días, meses y años. El tiempo que esto pueda tomar no importa, pero hoy es necesario que declares la clase de cosecha que quieres que se dé en los hijos que llevan tu marca, siembra a los mejores empresarios, siembra educación, siembra catedráticos, profesores, directores de colegio, rectores universitarios. Puedes sembrar generaciones de altos dirigentes políticos, gobernadores y presidentes, en el mundo ministerial declara que Dios te da generaciones con los cinco ministerios, generaciones poderosas en la palabra, generaciones de éxito. En la medida que declares la palabra, estarás sembrando la mejor semilla sobre tu territorio y en todo lo que siembres lo cosecharás. Debes sembrar declarando generaciones libres de todas las maldiciones de tu familia, de tu tierra y de tu pueblo, es necesario moverte en poder y autoridad, sembrando cada palabra que salga de tu boca y se cumplirá en tu vida y en toda tu descendencia. Por lo tanto es necesario que seas cuidadoso y siempre estés atento a la voz del Espíritu Santo, sé cuidadoso de lo que digas, hoy es el día de sembrar. Cuando Dios te hizo en la eternidad, te hizo con palabra. Cuando Dios habló con Abraham le dijo: haré de ti una nación grande, te engrandeceré y te bendeciré.

Lo que el eterno ha colocado dentro de ti es incomparable con respecto a las cosas difíciles que has vivido, tú no naciste para ser escaso, naciste para ser fructífero, tú eres esa persona que el Rey David en los Salmos 1: 3 dice que *"eres árbol plantado junto a corrientes de agua"*, renuncia a otros modelos que no sean éste, porque tú estás junto al río de agua de vida, junto al río de la esperanza, tus raíces están sumergidas en el río, donde hay savia, donde hay vida. Desde allí Dios te suple la sustancia eterna que necesitas día a día para fructificar. Jamás aceptes el estancamiento como normal, ni la rutina, ni la muerte, ni el dolor, ni la mediocridad. Dios te hizo para ser fructífero, su buena mano te diseñó para la sobreabundancia. Lo normal en tu vida es que **lleves muchos frutos,** si no ves tus frutos es que hay algo en las raíces que está mal, es decir, la parte invisible de tu vida necesita ser alineada con el Padre, con la verdad de tu origen, de tu hechura en la eternidad. Dile a Dios de todo corazón que trate tus raíces, en la medida que alineas tus pensamientos al poder omnipotente de la bendita palabra de Dios jamás serás derrotado, Jesucristo nuestro Señor y maestro por excelencia nos mostró de qué forma debemos, con autoridad de carácter, enfrentar todo lo que sea contrario a la palabra de Dios,. Debes estar atenta a lo que Dios te diga, nunca dudar de Dios aunque lógicamente todo parezca contrario. Debes declarar con firmeza y autoridad, renunciar a la confusión, romper todo hechizos y ataduras, llevando cautivo lo negativo que trata de desanimarte, estáte atenta para discernir toda mentira del diablo, enfócate en el resultado final y no en la tribulación momentánea. En vez de huir de la prueba es necesario pasar por ella, tú no puedes permitir que nadie influya en la verdad revelada de triunfo que Dios puso en ti, levántate en autoridad, ata, sujeta, deshace, todo lo que te quiere perturbar, aléjate de toda ligadura sentimental, enfócate en lo grande y glorioso del propósito de Dios en ti.

> *"Tardará un poco en cumplirse, pero tú no te desesperes; aún no ha llegado la hora de que todo esto se cumpla, pero puedo asegurarte que se cumplirá sin falta."* Habacuc 2:3 (TLA)

Tus Notas...

Tus Notas...

CAPÍTULO 7
Procesos...

Una tarde ministré a una jovencita, ella todavía estaba en el secundario, tendría unos 16 años. Hacía unos días se había enterado de que estaba embarazada de pocas semanas, ella vino porque la mamá la había encontrado muy triste, angustiada, ya que su embarazo fue no deseado con un joven que cuando supo que estaba embarazada la dejó. Había dejado de estudiar, estaba encerrada en su dormitorio a punto de caer en depresión. Su mamá la trajo para que la pudiéramos ayudar, cuando hablé con ella estaba totalmente decidida a interrumpir el embarazo, a provocar un aborto. Por lo cual yo le pregunté si eso cambiaría su vida, su pensamiento y si eso le ayudaría a continuar viviendo la vida que quería o continuar con la que tenía antes. A lo que respondió que no, que eso no iba a cambiar, aunque no deseaba al bebé, sabía que no estaba bien.

Tuvimos una serie de charlas en consejería que la ayudaron y pudo perdonar, soltó la tristeza, la angustia, la equivocación, el error, aceptó su pecado. Sabía que había errado al blanco, pero luego de un par de semanas se dio cuenta de que realmente no cambiaría su vida con interrumpir el embarazo, entonces se armó de coraje y cambió su pensamiento, se hizo cargo y responsable del error que había cometido.

Unos meses después la encontré en uno de los pasillos de la

iglesia y para mi sorpresa y alegría continuaba con su embarazo, habían pasado aproximadamente unos ocho meses. Me miró, sonrió y me dijo: "tomé la decisión de quedarme con el bebé", le respondí "fue la mejor decisión". Le pregunté cómo seguía con sus estudios, me contó que estaba en un receso pero que continuaría con la escuela en cuanto naciera su bebé, que los padres la ayudarían y terminaría el colegio.

Sé que muchas chicas no van a pensar de la misma manera, pero tengan en cuenta que aunque tomara la decisión de no tener ese niño, inclusive hasta de ponerlo en adopción, su vida ya no sería la misma, no volvería al mismo lugar, no estaría feliz, de la misma manera.

Su cambio de pensamiento sería diferente porque su vida ya no sería la misma, el tener que tomar una decisión más madura, más responsable, sea de tenerlo o no, era lo que iba a cambiar su forma de vida.

Sabía y era consciente que llevaría un peso, una carga, una culpa que la arrastraría por años, sabía que si tomaba la decisión de quedarse con ese ese bebé, también cambiaría su vida, pero sabía que podía estar en paz, dormir en paz, que era responsable de la acción que había hecho pero que también podía manejarlo. Que por algún motivo, por alguna razón, ella sabía que podía seguir adelante, la decisión fue la que hizo el cambio en su vida, el de ser responsable, el de hacerse cargo; con las tristezas, con los miedos, pero aun así la decisión que tomó fue la mejor para su vida, para su futuro, para su generación.

Cambió su vida de una manera radical. No estaba en sus planes ¡de seguro! pero ya estaba hecho, el error, la equivocación, la irresponsabilidad, o el nombre que quieran ponerle, ya estaba, no hay marcha atrás para esto. Pero sí para hacer un cambio para el futuro, la disposición para tomar acción, el nivel de madurez era una nueva oportunidad para traer a su vida nuevos sueños, nuevos logros, formar un futuro diferente. Ya se había equivocado, pero no podía cambiar el pasado; y abortar no implicaba que iba a volver atrás las cosas y mejorar lo que ya estaba hecho.

Ese día la vi diferente, con alegría me dijo que seguiría estudiando y que tenía ganas de vivir, soltar el pecado, soltar el peso, soltar la culpa, soltar el pasado, es lo que hace la diferencia en un presente, que de continuar en el pasado, continuaríamos con el peso de la culpa. Cuando cometemos errores, cuando erramos al blanco tenemos consecuencias. Ya no podemos cambiar el pasado, pero sí las decisiones que tomemos en el presente, el hoy, el aquí y el ahora, es lo que va a hacer que nuestra vida sea diferente, de una u otra manera, el pecado hace que cambiemos, hace que pensemos diferente, que reaccionemos diferente, que tengamos consecuencias. ¡La diferencia está en qué decisión es la que vas a tomar hoy!

¿Qué no nos permite soltar el pasado? El perdón, quizás porque nuestra mente, en nuestro mapa mental, lo único que conocemos es que hemos sido pecadores, que hemos tenido una mala vida, que somos poco inteligentes, que lo que hacemos nos sale mal, que Dios nunca nos perdonará.

Nos frustramos cuando las cosas que queremos no están a nuestro alcance, pero nos olvidamos que Dios nos ha dado inteligencia, nos olvidamos que Dios nos dio sabiduría y fortaleza para volver a intentarlo una y otra vez hasta que nos salga bien, pero en vez de intentarlo de nuevo o ver las diferentes puertas y opciones que tenemos, solo volvemos a empezar en el mismo lugar donde nos quedamos, volvemos a abrir la misma puerta y nos encontramos que dentro de esa puerta está el pasado y nos da miedo cerrar la puerta y abrir una nueva.

> *"Está en tus manos cambiar una situación que te produce dolor, siempre podrás escoger la actitud con la que afrontes ese sufrimiento."* Víctor Frank.

Hay muchas personas que no soportan el proceso y el proceso nos mostrará de que estamos hechos, no debemos movernos por las circunstancias, cuando sabemos dónde estamos anclados.

El enemigo realiza repetidamente una cosa hasta quebrarte, cuida tu vida con temor y temblor no dejes que el enemigo te quiebre, toma autoridad.

Tus pensamientos, tus palabras y tus acciones tienen el poder de crear condiciones, de poner límites, de aplastar tus sueños, de cortar tu camino o de ensanchar tu territorio, de crear nuevos sueños, o de abrir nuevas puertas, y de vivir en libertad.

"LAS BATALLAS DE LA VIDA NO SIEMPRE FAVORECEN AL HOMBRE MÁS FUERTE O AL MÁS RÁPIDO, PERO TARDE O TEMPRANO EL HOMBRE QUE GANA ES EL HOMBRE QUE PIENSA QUE SÍ PUEDE."

Tus Notas...

CAPÍTULO 8

Transformándonos

La palabra prueba se refiere a la persecución y a las afecciones causadas por el mundo o satanás. Enfrenta esas pruebas con gozo porque la prueba desarrollará fe, perseverancia, entereza de carácter, esperanza, madurez. La fe sólo puede alcanzar su plena madurez cuando se enfrenta a dificultades y oposiciones. Algunas veces las pruebas llegan a la vida de los creyentes para que Dios pueda comprobar la sinceridad de su fe. La biblia NO enseña en ninguna parte que la dificultad de la vida sea siempre señal de que Dios está disgustado con sus hijos. La sabiduría, la capacidad espiritual para considerar y evaluar la vida y la conducta desde el punto de vista de Dios, comprende el tomar decisiones correctas, y el hacer lo debido de acuerdo con la voluntad de Dios. Pero en su palabra, y con la dirección del espíritu, se puede recibir sabiduría al acercarse a Dios y pedirle con fe. La tentación proviene de los deseos o inclinaciones del corazón, si no se les hace frente y se le suprime por medio del Espíritu Santo la conciencia, es decir los malos deseos que conducen al pecado y después a la muerte espiritual.

Hablar sólo de restauración no alcanza, no es fácil entender tu pasado cuando tu vida está llena de problemas, cuando te suceden cosas, hasta que Dios nos trae la revelación. Lo importante es determinarse a seguir adelante. La valentía está en la persistencia, en el enfoque, en continuar, en tener una visión, una determinación a seguir ese propósito que Dios trajo a tu vida y si todavía no lo viste: búscalo, porque cada uno tiene un propósito aquí y ahora.

Hace unos meses no entendía lo que estaba pasando, tenía una tristeza en mi corazón, algo que no me permitía continuar viendo el propósito de Dios en mi vida, pero nunca permití que mi mente y mi corazón dejara de creer o dudara. El propósito que Dios puso en mí continúa, creo en lo que él dijo a mi corazón, no me desvíe y mi mirada siempre estuvo en lo que Dios prometió. Sigo, persisto y confío, en lo que creo, lo que pienso y lo que Dios prometió. Nunca dejé de confiar, aunque la pelea era interna, seguí adelante a pesar de que no veía nada de lo que Dios tiene para mí, todo estaba al revés, nada estaba en orden, pero eso no me detuvo, reclamé lo que dice su palabra en Juan 15:7.

Yo estaba reclamando que soy su hija, hasta que Dios trajo la respuesta, la sorpresa fue que no era la respuesta que esperaba, Dios quería hacer un cambio en mi vida.

> *"y nadie hecha vino nuevo en odres viejos; de otra manera, el vino nuevo rompe los odres, y el vino se derrama, y los odres se pierden; pero el vino nuevo en odres nuevos se ha de echar"*
> Marcos 2:22

Somos como odres, si queremos tener vino nuevo necesitamos cambiar las vasijas. Este es un tiempo nuevo de Dios para mi vida. Todo lo que he aprendido fue bueno, pero para un tiempo, hoy es un tiempo de madurar, transformarse, para tomar otro lugar, otro nivel, todo lo aprendido es bueno pero siempre hay que renovarse.

> *"No vivan según el modelo de este mundo. Mejor dejen que Dios trasforme su vida con una nueva manera de pensar. Así podrán entender y aceptar lo que Dios quiere para ustedes y también lo que es bueno, perfecto, y agradable a él."*
> Romanos 12:2

Nuestros pensamientos no son como los pensamientos de Dios, él quiere que nuestra mente sea renovada para poder traer cosas nuevas en nosotros, estamos en un mundo con un sistema que día a día se mueve, se renueva, y nosotros tenemos que estar a la altura de las circunstancias.

El sistema quiere cambiar el propósito que Dios nos dio, y si nosotros no nos despertamos y manifestamos el poder de Dios acá en la tierra, siempre vamos a estar solo con el pensamiento y el sueño de que algún día vamos a llegar a traer el cielo a la tierra.

> *"Toda la creación de Dios está esperando con impaciencia el momento en que Dios muestre al mundo quienes son los hijos de Dios"* Romanos 8:19 (PDT)

Ya es tiempo de que no solo soñemos y hablemos, es tiempo de ponernos en acción, el cambio no es solo pensarlo, es transformarse, nada de nuestro pasado puede determinar lo que somos. Los únicos que nos ponemos límites somos nosotros mismos, claro que el pasado tiene peso en nuestra vida, pero somos nosotros los que decidimos que hacer frente a él. Nadie nos obliga a quedarnos solo con pensamientos o sueños, estamos capacitados para poder decidir que queremos hacer con lo que tenemos o con lo que no tenemos. Antes de movernos con el cuerpo y las manos y ponernos en acción, primero tenemos que accionar nuestra mente, nuestros pensamientos y darle el cambio que nosotros queremos. Cuando aprendamos a hacer esa transformación el resto no nos va a ser difícil. Nos cuesta querer dejar el pasado por miedo que perdamos lo aprendido, miedo a encontrarnos con algo nuevo que no sepamos manejar, pero debemos saber que Dios tiene pensamientos de bien para nosotros.

"¡Cuán preciosos me son, oh Dios, tus pensamientos! ¡Cuán grande es la suma de ellos!" Salmo 139:17

Debemos tomar el lugar que Él nos dio, el lugar de hijos, creemos que el diablo vino a robar todo y a veces no es que el diablo nos roba, es que nosotros no tomamos lo que es nuestro, le dejamos al enemigo que tome todo lo que es nuestro, el diablo se hace dueño de todas nuestras pertenencias. Debemos arrebatar todas las cosas que Dios nos dio como hijos, como herederos. Su palabra dice: *"que todo lo que pisare la planta de nuestros pies es nuestro"*, entonces ¿por qué no lo tomamos?, ¿por qué dejamos que venga el enemigo y se los lleve? Cambia tu mentalidad, sos hija y todo es tuyo. Estamos acostumbradas a traer a nuestra memoria que el pasado fue mejor, por eso siempre estamos atascadas ahí, y sí fue terrible nuestro pasado, lo revivimos una y otra vez, no nos damos la oportunidad de conocer lo mejor de Dios. Pero este es el día para nosotras. Seguro que en el pasado hubo cosas buenas, pero en este presente lo que Dios trae es lo nuevo, como las temporadas de moda, lo que teníamos antes era bello y se usaba y fue bueno; pero lo que tenemos ahora, para esta temporada de "septiembre" es algo nuevo, algo de cambio, un color, una flor, una estampa, una tela, algo para estrenar. Así es como

Dios trae a nuestras vidas siempre algo nuevo, y no podemos disfrutar abriendo una puerta nueva, si no cerramos la vieja. Sé que asusta el no saber qué hay detrás de esa puerta, pero es mejor abrir y saber que tienes delante de esa puerta, a tener que quedarte con la duda de lo que había detrás de ella. Si tu pasado fue terrible, hoy está la oportunidad de decidir qué quieres hacer con esta nueva puerta que Dios pone delante de ti. El tiempo y la hora no se detienen, no pierdas la oportunidad de saber qué se siente reír, el mojarte con la lluvia, sentir el sol en tu piel, la satisfacción de tener un gesto bueno, y que tu ser sienta esa felicidad y ese placer de ser humana. La vida tiene muchas oportunidades.

Siempre escucho decir que el tren pasa una sola vez y no es verdad, el tren pasa siempre, la diferencia está en que si tomamos ese tren o lo dejamos pasar para tomar el siguiente, o el siguiente después de tres días o tres años. La vida no es ensayo y error, si sale bien o mal tenemos una sola vida, vívela bien, disfruta, baila, canta, ríe, llora, enseña, aprende, permite equivocarte, ayuda, da, recibe, sueña, piensa, arriésgate, pero sobre todo ama a Dios con toda tu alma, con todas tus fuerzas, con todo tu corazón.

Tus Notas...

Tus Notas...

Tus Notas...

CAPÍTULO 9
Como Sakura

Mientras escribo estoy mirando un árbol, lo planté hace cuatro años, es un Sakura. En ese entonces solo era una ramita pequeña. Yo había visto tantos Sakura gigantes llenos de flores, que mi sueño era que se llenara de flores en poco tiempo.

Al año siguiente de haberlo plantado no fue así, sólo tuvo unos cuantos brotes. Ese mismo año, lo cuidé, lo regué, le quité las ramas malas, enderecé sus brotes y las ramas mayores, quité todos los bichos e insectos que venían a abicharlo, puse la mejor tierra negra y abonada. Al siguiente año, en agosto, empezó a dar sus primeras flores, dio no más de veinte florcitas, en septiembre se cayeron todas, pero yo estaba contenta porque ya estaba creciendo y mostrando su belleza, hoy después de cuatro años en mi jardín puedo ver un hermoso cielo celeste con una nube de flores pequeñas perfectas de color rosadas.

El Sakura, o Flor de Almendro, es el primer árbol que da flores en agosto, sus flores son pequeñas de color rosadas, infinidad de ellas pegadas en cada rama, no tiene hojas hasta que cada una de sus flores cae. Al ver un gran árbol rosado a la luz del sol, y lleno de abejas buscando su néctar para alimentarse, me paré frente a él y pensé, dónde estuvo ayer y dónde está hoy.

Te hago la misma pregunta ¿dónde estás hoy? ¿Y dónde quieres estar mañana? Mi árbol de Sakura comenzó siendo una rama, sin ni siquiera una hoja, pero tuve que cuidarlo, preparar la tierra, sacar las hojas malas, los bichos que le traían pestes, regarlo y esperar que creciera. Pasó frío, muchas heladas, pero en su tiempo creció y maduró, pudo mostrar lo bellas y perfectas que son sus flores. Así somos nosotras, como esa rama, sin una hoja, sin una flor, traemos con nosotras muchas dificultades, problemas, miedos y no sabemos qué hacer, venimos con todo un peso, un bagaje.

Pero piensa ¿dónde estás hoy? Y ¿dónde quieres estar mañana? Si quieres seguir siendo sólo una rama sin nada o un árbol lleno de flores, siendo un tallo seco o la primera en que da sus brotes. Pero para poder dar esos primeros brotes tenemos que regarnos, alimentarnos, llenarnos de la palabra que nos da la sabiduría para poder crecer y madurar, sacar esos bichos, esos insectos que quieren secarnos, alejarnos de las personas que no nos construyen, que nos llenan de pensamientos de odio. Sacar de encima de nosotros las malas costumbres y pensamientos negativos que nos secan, enderezar nuestras raíces. Si mantenemos los malos hábitos, esos nos van a dar los mismos frutos, tendremos brotes torcidos, dañados, sin forma.

Si nos preparamos, en poco tiempo, veremos en nosotras nuestras primeras flores, seguro van a ser pocas, pero si nos mantenemos con el riego de la palabra, el agua constante que nos limpia y nos da el alimento, serán las primeras flores fuertes. Veremos en nosotras cada año como vamos madurando y llenándonos de flores y brotes, donde la palabra de Dios se refleja en nosotros, así como las abejas buscan de esas flores para alimentarse del néctar, así las personas buscarán de nosotras para crecer y aprender. Debemos seguir alineadas con el Padre para poder dar ese alimento que viene de Dios a través de nosotras.

"Pequeñas actitudes te llevaran a grandes cambios"

"La palabra de Dios siempre demandará una acción y una reacción, los privilegios de una revelación y mayor grado de entendimiento siempre traerá mayor grado de responsabilidad"
Miguel Oltoff
(Pastor de Cielos Abiertos, Buenos Aires, Argentina)

Tus Notas...

CAPÍTULO 10
Aprendiendo a ser hija

Cuando era niña, siempre hice lo contrario a los demás, no para hacer lo malo, si para hacer cambios. Inconscientemente quería terminar con una historia que veía que se repetía, sólo que lo hice mal porque no tenía las herramientas adecuadas y no conocía a Dios. Sin saberlo buscaba otra historia para mi vida, hasta que encontré a Cristo. Quería ser distinta, cuando cumplí mis dieciséis años me decían que era la oveja negra, porque siempre buscaba otra forma, diferente; me encontré con que eran unos pocos los que pensaban como yo, eso me provocó frustración.

Hoy veo que no era la oveja negra, sino que buscaba hacer cambios de una familia estructurada, con una cultura y tradiciones antiguas, llena de rencores, maldiciones generacionales, ocultismo, falta de perdón, y no sé cuántas cosas más. Siendo tan joven y sin apoyo moral, ni espiritual y con tantos miedos tuve que aceptarlo. Aún sin encontrar mi identidad, fuí aceptando, fuí creyendo que sí, que solo era la oveja negra de la casa, que no debía cruzar la línea del cambio que yo quería hacer en mi historia genealógica. Hoy, esa generación de mis padres y abuelos ya no están, y aunque a muchos no les gusten mis cambios y no me acepten, la oveja negra está dispuesta a ser guiada por Dios y a traer el cambio a una generación nueva, con mis hijos y nietos.

En mis 33 años de cristiana, y el camino recorrido en este tiempo, he visto, he escuchado, he oído y he mirado muchas cosas.

> *"De oídas te había oído; más ahora mis ojos te ven"*
> Job 42:5

Por mucho tiempo caminé pensando en que escuchaba a Dios pero sólo obedecía leyes, sin entendimiento, aun sabiendo que era Dios. En Deuteronomio 10:12-13 dice que guarde sus mandamientos y sus estatutos, Él siempre, siempre, atendió a mi llamado, siempre restauró mi corazón, contestando cada una de las preguntas que le hice. Muchas, no son las respuestas que me hubiesen gustado, pero esa era la voluntad del Padre, los pensamientos de Dios son los mejores para mí. El caminar con Dios fue encontrarme con muchas frustraciones, caídas, errores, pero también muchísimas victorias que me permitieron madurar. Pero algo me faltaba para sentirme completa en Dios, algo que no me había dado cuenta.

> *"Y este mismo Espíritu se une a nuestro espíritu para dar testimonio de que ya somos hijos de Dios. Y puesto que somos sus hijos, también tendremos parte en la herencia que Dios nos ha prometido..."* Romanos 8: 16-17 (DHH)

¡El espíritu dice a mi espíritu que soy hija de Dios! A veces perdemos la identidad de hijas de Dios, muchas veces como cristianas queremos hacer algo para ser alguien y nos olvidamos que no importa cuánto hagamos, igual somos hijas.

El ser hija de Dios, es por "gracia", no por lo que hice mejor o cuanto más haga. Dios no me va a amar más, nunca, por más que haga mucho. Jamás vamos a poder pagar lo que Él hizo por nosotras, por eso recibimos el "ser hijas de Dios" por gracia "por la muerte en la Cruz del Calvario".

Siempre decimos que somos hijas de Dios, normalmente así lo repetimos, pero... ¿nos sentimos hijas de Dios o es sólo una mera frase? Acá es cuando entiendo que mi Padre Dios no sólo suple mis necesidades y me da salvación, sino que quería quitar de mi vida toda orfandad, que por mucho tiempo recorrí su camino pensando en que solo era Dios, pero Él quería demostrarme que "es mi Padre, yo su hija, mi Dios, yo su pueblo".

> "Yo viviré entre ustedes, y no los rechazaré; constantemente andaré entre ustedes, y seré su Dios, y ustedes mi pueblo." Levítico 26:11-12 (DHH)

Al comprender que soy su hija y Él siendo padre y Dios de todo lo que hay en el cielo y la tierra (Deuteronomio 10:14), soy heredera de todo lo que el Padre me da, y de todo lo que el Padre tiene para mí.

Muchas de nosotras nos quedamos sin herencia, porque sentimos que no estamos calificadas como hijas para tomar lo que Dios nos da. Antes de recibir nuestra herencia como hijas de Dios debemos restaurar nuestra vida pasada, redimir nuestros errores para poder tomar la posesión adquirida como hijas. Debemos enfrentar los errores del pasado y ser trasformadas con una nueva identidad de ser lo que fuimos para convertirnos en lo que queremos ser AHORA.

Los que somos padres entendemos que nuestros hijos, aunque ya se hayan ido de casa y tengan una familia, cuando vuelven a casa y se quieren servir una gaseosa, no nos piden permiso porque saben que están en la casa de sus padres, ellos saben que todo lo que hay en nuestra casa siempre les perteneció, de esa misma manera es para nosotros con nuestro Padre celestial. Aunque nos vayamos de nuestra casa, siempre seremos sus hijas y podremos venir a su casa y hablar con Él, sentarnos a la mesa con Él y comer de todo lo que hay, porque Él es nuestro Padre.

Cuando uno de mis hijos formó su familia, siempre venía una vez por semana a casa, me decía que necesitaba contarme cómo le había ido en el trabajo, lo que había hecho en la semana o de algún problema que tenía, aunque ya estaba adulto y con una compañera. Pero él me decía que le gustaba volver a casa para charlar, porque sabía que yo siempre lo iba a escuchar, decía que era bueno saber que tenía su mamá para escucharlo. Eso mismo quiere Dios de nosotras aunque ya estamos adultas, tengamos esposos, hijos y nietos. Es bueno saber que tenemos un lugar en la mesa para charlar con nuestro papá Dios, no somos perfectas y en muchas ocasiones fallamos y tenemos dudas y miedos y podría decir que a veces nos da vergüenza acercarnos a Dios y decirle que tenía razón, que nos equivocamos. Pero así como ustedes y yo recibimos a nuestros hijos, y como muchos hijos van a buscar a papá o a mamá porque saben que ellos van a escucharlos, con todas nuestras fallas, con todo lo que nos pase siempre nos van a recibir; así nos recibe nuestro Padre.

Estoy segura que aquellas como yo, que ya no tenemos papá ni mamá, saben que si en este momento estarían nuestros padres, ellos abrirían los brazos y nos pondrían en su regazo, acariciarían nuestros cabellos sin importar cuánto nos hayamos equivocado. De esa misma manera nuestro padre Dios está esperando que nosotras, como hijas, vayamos a sus pies a buscar refugio, perdón y contención en Él, no importa en qué condiciones estamos, la única condición que te lleva a Él es la de hija. Por eso ya no esperes la respuesta de ¿qué vas a hacer? Siempre estas a tiempo de volver a los brazos de Papá, aunque todo parezca no tener solución. Aunque todo se vea desarmado destruido y sin salida, Papá Dios tiene un camino para ti y para mí porque somos sus hijas.

Tus Notas...

CAPITULO 11
Ríos en la Soledad

... "otra vez abriré camino en el desierto,
y ríos en la soledad"
Isaías 43:19

Cuando pensé ponerle el título a este libro oré a Dios pidiendo la dirección, la guía, que me diera sabiduría, no para que el nombre del libro fuera hermoso, sino para poder expresar lo que llevo y porto de parte de Dios. Y como en todo momento Dios está atento al llamado de sus hijos, Él siempre tiene para mí un "camino en el desierto, un río en la soledad", una puerta para la salida, una solución a nuestros problemas. Solo que tenemos que ir en busca de ellas, tenemos que saber buscar en el lugar correcto en la intimidad del Padre, Él siempre te da la respuesta.

José Luis Díaz, pastor de Miami, en una prédica me impactó una palabra que dijo: *"Dios te dará lo que necesitas, si no lo tiene lo crea y si no lo inventa"*, pero Él siempre te ayudará para que te pongas en pie.

"La grandeza nace de la humildad", busca personas que estén a tu lado para edificarte, hermanos que te ayuden a madurar, amigos que te acompañen en tu proceso, aunque después no estén más, esos amigos son de temporada, que Dios puso solo para poder abrir el camino que necesitabas o para darte un consejo. Hay otros amigos que durarán para siempre, que estarán para lo que necesites, busca grupos de hermanos que te contengan en tiempos malos, hermanos que seguramente estén pasando o hayan pasado por el mismo problema que el tuyo, pero que tienen fe de que no es para siempre. Grupos de personas que puedan escucharte, que han salido adelante a pesar de todo lo que pasaron en sus vidas, o aprendieron a refugiarse en Dios y a sostenerse en Él,

No siempre es el diablo quién nos está frenando. Hay veces que en ciertos quiebres, en esos momentos de pausa, son los más productivos de tu vida. Los silencios, los de sentirte esclavizada, son cuándo más cerca estamos de Dios. Nuestras limitaciones y nuestros fracasos, son los que nos ayudan a acercarnos a Dios. Fracasar es la oportunidad de crecer. ¿Quién nos puede decir que somos un fracaso o un éxito, inteligentes o no, muy preparados académicamente? Puedes ser inteligente pero necio, o puedes ser poco preparado pero sabio. Esa sabiduría que solo Dios te puede dar si tienes la capacidad de comportarte en la vida siguiéndolo.

"La disciplina vence la inteligencia, el carácter vence la competencia". Dios le dijo: "Samuel, no te confundas yo miro el corazón".

La aceptación de que eres hija de Dios va a ser la que vaya transformando tu vida diaria. Dios te va a transformar, debemos aceptar nuestras debilidades, aceptar el proceso de cambio, aceptar lo que eres .

Crecemos a la estatura de Cristo, nunca dejes de orar, si te equivocas ve corriendo a la presencia de Cristo, era lo que hacía David, él era auténtico delante de Dios no fingía ser quien no era. Pablo tenía una debilidad, porque por nuestras debilidades es donde Dios se perfecciona, "Dios nos mide como nosotros medimos."

> *"Y me ha dicho: Bástate en mi gracia; porque mi poder se perfecciona en la debilidad. Por tanto, de buena gana me gloriaré más bien en mis debilidades, para que repose sobre mí el poder de Cristo".* 2 Corintios 12:9

Dios nunca va a permitir que caigas sin que puedas levantarte, todo está bajo el control de Dios, las dificultades están hechas para estimular y no para quitar el ánimo, el espíritu humano debe fortificarse en la lucha.

"EL COSTO DE EQUIVOCARSE ES MENOR
QUE EL COSTO DE NO HACER NADA"
Seth-Godin

Tus Notas...

Tus Notas...

www.ingramcontent.com/pod-product-compliance
Lightning Source LLC
Chambersburg PA
CBHW052118110526
44592CB00013B/1658